Examen
DE LA CHARTE

DANS SES

ARTICLES RÉSERVÉS

ET DANS

QUELQUES AUTRES

EXIGEANT DES DÉVELOPPEMENS

ET DES MODIFICATIONS.

PAR LE BARON BLEIN,

ANCIEN OFFICIER GÉNÉRAL DU GÉNIE, LIEUTENANT-COLONEL DE LA 3ᵉ LÉGION
DE LA GARDE NATIONALE, ARRONDISSEMENT DE SCEAUX.

PARIS,

ANSELIN, SUCCESSEUR DE MAGIMEL,
LIBRAIRE POUR L'ART MILITAIRE, LES SCIENCES ET LES ARTS,
RUE DAUPHINE, Nᵒ 9.

1830.

Examen
DE LA CHARTE

DANS

SES ARTICLES RÉSERVÉS

ET DANS QUELQUES AUTRES

EXIGEANT DES DÉVELOPPEMENS ET DES MODIFICATIONS.

———————

Quelques articles de la Charte constitutionnelle ont été renvoyés à l'examen de la Chambre de 1831. Plusieurs de ceux qui ont été adoptés ont besoin d'explications, de développemens, peut-être même de modifications importantes. Les citoyens ont le droit de publier leurs opinions, et nous croyons qu'il est de leur devoir de le faire lorsqu'ils pensent qu'elles peuvent porter un jour utile sur des questions qui importent au maintien de leurs libertés.

Nous allons en conséquence nous livrer à cette étude, heureux si nos travaux peuvent mériter les suffrages du public éclairé.

Choisy-le-Roi, le 21 août 1830.

———

Art. 6. *Les ministres de la religion catholique, apostolique et romaine, professée par la majorité des Français, et ceux des autres cultes chrétiens, reçoivent des traitemens du Trésor public.*

Cette rédaction, par la suppression du mot *seuls*, de l'art. 7 de la Charte de Louis XVIII, permet d'admettre le culte israélite dans la catégorie des cultes salariés, et cela doit être considéré comme une justice dans les communes où les Israélites seraient en nombre suffisant.

Une question importante s'élève toutefois à cet égard : la protection accordée aux ministres d'un culte quelconque, peut-elle les mettre dans le cas de prêter le serment de fidélité au Roi, de soumission à la Charte, et d'obéissance aux lois du royaume ? Nous disons oui, et nous ajoutons qu'en cas de refus, les ministres de ce culte devront être privés du traitement de l'Etat.

Nous disons oui, parce que si le culte impose à son ministre l'intolérance des autres cultes ou d'un schisme qui pourrait s'introduire dans son propre sein : si la conscience de ce ministre ne lui permet pas de se soumettre à ce serment, il doit être libre dans son refus ; mais nous ne pouvons penser que le gouvernement soit obligé dans ce cas à lui accorder un traitement.

On nous dira peut-être qu'alors le gouvernement tyrannisera les consciences, et interviendra dans l'investiture des fonctions sacerdotales. Non : le ministre non assermenté d'un culte pourra être maintenu dans le poste que lui aura assigné la hiérarchie sacerdotale ; il sera seulement privé du salaire public ; mais il sera permis aux fidèles de sa communion, qui le reconnaîtront dans sa dignité, de s'imposer ainsi qu'ils le jugeront convenable entre eux, pour pourvoir à son entretien en raison de son rang. Mais, à cet égard, il faut que les citoyens jouissent d'une entière liberté, et ne soient soumis à aucune influence. En outre, il est dans l'ordre naturel qu'une surveillance plus sévère soit exercée à l'égard du ministre du culte non assermenté et des citoyens de sa communion ; car le refus de fidélité , de soumission , d'obéissance , ne peut qu'entraîner le soupçon d'infidélité et de répugnance envers l'ordre établi , et dès-lors cette surveillance devient d'une haute nécessité.

Une loi devra déterminer le mode de cette surveillance sur les actes des cultes. Il en est un certain nombre qui n'intéressent que les fidèles d'une communion ; il en est d'autres qui participent aux intérêts généraux et qui entrent dans le domaine politique : on connaît assez l'esprit qui anime certaines corporations, et l'interprétation secrète qu'elles savent donner à des démonstrations publiques, pour sentir le besoin d'une loi à cet égard. Nous citerons à cette occasion un exemple tout récent d'un acte religieux mal annoncé, et exécuté d'une manière inconvenante , par le défaut d'une participation suffisante de l'autorité municipale.

Le curé de Choisy-le-Roi a annoncé au prône, le dimanche 15 août, que, d'après les instructions qu'il avait reçues de l'Archevêché, un service funéraire serait célébré le vendredi 20 , en honneur des victimes des événemens des derniers jours de juillet. Il ajouta qu'il s'était concerté avec M. le Maire, relativement à une quête en faveur des blessés, veuves et orphelins; mais qu'ayant été informé de la collecte importante faite dans la commune par ses soins et pour le même objet, il s'abstiendrait de solliciter de nouveau la charité de ses paroissiens.

Rien assurément de mieux conçu et de plus honorable que le procédé de M. le Curé. Mais qu'est-il arrivé ? Nul avis n'en a été donné par M. le Maire, aux officiers en retraite, ni aux membres de la Légion d'honneur : nulle publication de cet acte n'a été faite par la voie usitée d'une proclamation au son de la caisse. Les cloches ont sonné à la vérité; mais les citoyens ne se sont nullement crus avertis, et cette solennité à laquelle certainement eût concouru toute la population de Choisy, quelle que fût sa communion, s'est passée inaperçue, et dans le cercle très-borné des habitués d'un seul culte.

La loi devra contenir deux dispositions essentielles ; la première, que les études sacerdotales ne pourront dispenser des devoirs auxquels sont appelés tous les citoyens : la seconde, que l'individu une fois voué aux fonctions de ministre d'un culte quelconque, ne sera plus susceptible d'être appelé à aucune fonction publique.

S'il est dit que les ministres des cultes seront salariés par l'État, il ne doit point s'ensuivre qu'ils puissent avoir la faculté de devenir soit individuellement, soit collectivement propriétaires ou donataires de biens autres que ceux patrimoniaux, sous le prétexte d'administrer ces propriétés dans l'intérêt des pauvres, des malades, des infirmes, ou pour le compte d'une société main - mortable. On connaît trop bien l'influence des ministres des cultes sur l'esprit des moribonds, pour ne pas prendre le soin d'en détourner les suites dange- reuses, en tant 1° qu'elles tendent à dé- pouiller de leurs biens les héritiers légitimes ou naturels; 2° qu'elles créeraient dans l'État une classe de corporations dont les fortunes s'accroissant indéfiniment et ne se divisant ja- mais, finiraient par envahir le sol; 3° que ces corporations enfin menaceraient l'État de dis- solution par l'indépendance dans laquelle elles ne manqueraient pas de se maintenir.

De là suit évidemment la nécessité d'abolir, sous les rapports civils et légaux, toutes les cor- porations religieuses, et de mettre sous la di- rection immédiate des administrations civiles,

les propriétés qui seraient échues à quelques-unes d'entre elles , sous les prétextes que nous avons indiqués , ou sous celui plus spécieux de pourvoir à l'éducation de la jeunesse : sauf par ces administrations à remplir les intentions des donateurs , ou à rendre même lesdites propriétés à leurs donataires ou ayans-cause. Si en effet des propriétés ont été concédées à telle corporation , composée de tel nombre d'individus , rien ne s'oppose à ce que ces propriétés soient réparties par égales portions entre eux ou leurs successeurs maintenant existans , et à ce qu'elles soient ainsi rendues personnelles et transmissibles suivant la loi civile.

On voit que la plus haute prudence doit présider à la rédaction de la loi qui traitera de ces divers objets , puisqu'il est important et de toute justice, 1° de respecter la volonté des donataires ou testateurs , toutes les fois que nul danger n'en résultera pour l'État ; 2° de se garder de tout ce qui pourrait alarmer les consciences ; 3° de ne point enfreindre l'inviolabilité des propriétés proclamée par l'article 8 de la Charte.

Art. 23. *La nomination des Pairs de France appartient au Roi; leur nombre est illimité : il peut en varier les dignités, les nommer à vie ou les rendre héréditaires, selon ses volontés.*

Cet article ayant été réservé pour être soumis à un nouvel examen dans la session de 1831, nous nous permettrons de proposer la rédaction suivante :

« La nomination des Pairs de France appar-
« tient au Roi : toutefois les Pairs ne pourront
« être pris que dans les plus hautes classes des
« fonctionnaires, soit en activité de service,
« soit en retraite, réunissant tous au moins
« vingt années de services effectifs. Ces hautes
« classes seront, dans la magistrature : les con-
« seillers de la Cour de cassation, et ceux du
« même rang dans les autres Cours; dans l'ad-
« ministration, les ministres, directeurs gé-
« néraux, conseillers d'état, préfets, ambassa-
« deurs, et autres de même rang; dans l'armée
« de terre et de mer, les maréchaux, amiraux,
« et officiers généraux. Dans les sciences et arts,
« les inspecteurs généraux des travaux publics,

« des services de santé, des études universi-
« taires, et les membres de l'Institut (1).

« Le nombre des Pairs, sera limité à la
« moitié de celui des membres de la Chambre
« des députés.

« La Pairie sera purement personnelle.

« Nul Pair ne sera nommé, s'il n'est âgé de
« quarante ans au moins.

« Les Pairs, d'après leur dénomination,
« sont égaux en droits et en dignités. »

Nous pensons, en effet, que les Pairs ne doivent jamais être pris dans la classe oisive et
parasite de ces courtisans qui entourent toujours la puissance, et de ces hommes à fortunes
colossales, mais improductives, qui s'imagi-
nent que leurs noms ou leurs richesses sont des
titres suffisans pour obtenir une haute fonction.
Nous croyons que la considération et la dignité
de la Pairie s'accroîtront d'une manière certaine, par l'admission des hommes indépen-
dans par leurs situations, mais déjà long-
temps occupés de fonctions publiques, pris
dans les classes que nous avons indiquées. La
Pairie n'a que trop éprouvé quels échecs avaient

---

(1) Les fonctions de Député doivent être considérées
comme faisant partie de la haute classe administrative.

atteint sa considération, par l'introduction d'individus qui n'avaient pour toute recommandation que leur adulation du pouvoir et leur indigne servilité.

Si l'on veut que la Pairie conserve cette dignité et cette considération qui peut s'attacher à ses hautes fonctions, il est nécessaire aussi que le nombre des Pairs ne dépasse pas une certaine limite qu'il nous semble convenable de fixer à la moitié du nombre des membres de la Chambre des députés, nombre qui peut être porté toutefois de 430 à 500, comme on le verra ci-après.

L'hérédité est un privilége qui ne devrait jamais s'étendre au-delà des propriétés mobilières et immobilières. Le fils d'un juge, d'un officier général, d'un ministre, ne peut lui succéder dans ses fonctions et dignités, et le fils d'un Pair sans avoir fait aucunes études, sans avoir acquis de l'expérience, ou au moins la maturité de l'âge, serait immédiatement appelé à une fonction aussi éminente dans l'Etat, à la participation du gouvernement, à la confection des lois ! En vain voudrait-on soutenir que l'hérédité donnerait plus de considération à la Pairie : quel lustre recevrait-elle d'individus qui peuvent être incapables,

indignes même de telles fonctions , et qui dès-
lors reportent leur propre déconsidération sur la
Pairie elle-même. Les inconvéniens de la Pairie héréditaire sont au contraire nombreux et
dangereux pour la chose publique. Les prin-
cipaux sont : 1º d'admettre à délibérer sur les
plus hauts intérêts de l'Etat des jeunes hommes
dont l'éducation aura été négligée , parce que
la certitude de leur avenir aura groupé autour
d'eux , dès l'âge le plus tendre , un essaim de
complaisans et de flatteurs qui auront détruit
en eux tout germe d'émulation; 2º de faire ac-
cumuler dans un très-petit nombre de familles
privilégiées , les fortunes colossales qui s'élè-
vent par toutes sortes de moyens , et d'exposer
le gouvernement à l'obligation de subir les exi-
geances de cette aristocratie impérieuse , ainsi
qu'on le voit chez un peuple voisin , où elle
domine la Chambre des députés par son influence sur les élections , et s'oppose constamment aux améliorations demandées partout à
grands cris , améliorations dont elle ne peut se
dissimuler la nécessité , mais qu'elle ne peut
agréer , précisément par la raison qu'elles
anéantiraient son influence, et détruiraient
son empire.

Louis XVIII se complut à contredire le premier jet de sa pensée libérale, en traçant des lignes de démarcation entre des hommes que leur dénomination de Pairs et la similitude de leurs fonctions devaient faire considérer comme absolument égaux. Il fit donc des pairs Princes et Ducs, Marquis et Comtes, Vicomtes et Barons, les partageant ainsi en trois grandes catégories. A quoi bon? dans quel but? Ce ne pouvait être que pour accorder aux uns un accès plus facile auprès de sa personne, et l'interdire aux autres : pour mettre un peu plus dans sa dépendance ceux qu'il nommait *mon cousin*, et stimuler dans les autres l'esprit de courtisanerie, par l'ambition d'obtenir un titre plus élevé. Déception et corruption, disparaissez de la Chambre des Pairs : laissez-la se montrer indépendante, respectée, tour à tour sauve-garde de nos institutions et rempart de la royauté. Rappelons-nous que Napoléon devenu grand maître en despotisme, créa aussi des sénatoreries. Que les Pairs soient donc satisfaits de ce titre seul auprès duquel aucun autre n'a de valeur.

Louis XVIII n'admit point dans la Chambre des Pairs tous les membres du Sénat existans sous l'empire. Cette mesure ne fut point approuvée de la nation, car le Sénat avait voté la déchéance de Napoléon, et rappelé Louis XVIII (1). Elle fut contraire d'ailleurs au texte des articles 9, 11, 70, de sa Charte, qui proclament l'inviolabilité des propriétés, des droits acquis, l'interdiction de toute recherche des votes émis, et enfin la garantie de la dette publique. Il est certain que les Sénateurs devaient être considérés comme propriétaires de leurs traitemens, de la dotation du Sénat et de tous leurs droits, de quelque déconsidération qu'ait été frappée la stipulation qu'ils crurent devoir faire sur ces objets. Nous pensons donc qu'il serait juste de rappeler dans la Chambre des Pairs tous les Sénateurs nés Français, sur le sol renfermé dans nos limites actuelles, qui auraient été laissés par Louis XVIII en dehors de cette institution. Toutefois, nous ne prétendons pas comprendre dans cette mesure les Pairs nommés dans les cent jours.

La dotation du Sénat conservée, partagée également entre tous les Pairs, annullation faite des sénatoreries créées contrairement aux principes de l'égalité, augmentée s'il est né-

____

(1) Plusieurs de ses membres toutefois s'abstinrent de voter sur cet objet.

cessaire, en raison du nombre des Pairs admis, devient donc l'objet d'une nouvelle loi indispensable, et qui assurera à chacun d'eux l'indépendance et une existence convenable à leur situation politique. Quoi de plus inconvenant en effet que de livrer à la séduction d'un traitement offert sur la liste civile, la majeure partie de ceux qui, pris dans les classes des hauts fonctionnaires en retraite, pourraient se trouver réduits à des pensions de 4000 à 6000 fr., insuffisantes pour leur nouvelle position. Si le nombre des Pairs se trouve porté à 250, 3,000,000 fr. suffiront annuellement à cette dotation.

Une question se présente encore. Un Pair héréditaire a subi une condamnation capitale : son fils n'a pas été appelé immédiatement à succéder à sa Pairie. N'a-t-on pas en cela commis une grave injustice, puisque d'après la nouvelle législation adoptée (article 68 de la Charte de Louis XVIII), les fils ne sont point responsables des fautes de leurs pères. Maintenant que la Pairie n'est pas encore déclarée personnelle, ce fils exclu n'a-t-il pas un droit acquis, et ne doit-il pas être appelé à la Chambre des Pairs ? Nous croyons devoir nous déclarer pour l'affirmative, l'hérédité fût-elle déjà abolie, parce que ce fils acquit son droit à la Pairie le jour où son père cessa d'exister, et que tout droit acquis doit être respecté : tandis que si son père eût vécu jusqu'au jour de l'abolition de l'hérédité de cette magistrature, le fils eût subi la déchéance que pourraient encourir les fils de tous les Pairs alors existans.

Art. 29. *Aucun Pair ne peut être arrêté que de l'autorité de la Chambre, et jugé que par elle en matière criminelle.*

Ce qui vient de se passer sous nos yeux à l'égard d'un Pair devenu ministre du Roi, et prévenu de haute trahison, prouve assez que cet article de la Charte a besoin d'une modification importante, et qui consistera à ajouter que *tout Pair qui acceptera les fonctions de Ministre, perdra le privilége qui lui est attribué par cette disposition.*

Art. 30. *La Chambre des Députés sera composée des Députés élus par les colléges électoraux, dont l'organisation sera dé- terminée par les lois.*

Le nombre actuel des Députés étant de 450, pour une population de 32 millions d'âmes, on voit que l'on peut compter un député pour un arrondissement de 75,000 âmes. Ainsi le plus petit département, la Lozère, doit avoir deux députés, et le plus grand, la Seine, quatorze, si l'on s'en tient à la base de la population. Mais on pourra trouver convenable de faire entrer la valeur des richesses ou des contributions qui les représentent en ligne de compte, dans le système électoral, et établir par exemple que si de deux départemens peuplés chacun de 450,000 âmes, et devant, d'après cela, nommer six députés, l'un paie en contributions un tiers en sus de l'autre, le premier nommerait un tiers en sus, c'est-à-dire huit députés, ce qui le ferait diviser en huit arrondissemens d'environ 56,250 âmes chacun. On partirait alors de cette donnée pour établir les circonscriptions électorales, que l'on pourrait porter à 75,000 âmes dans les départemens les moins imposés, et seulement à 50,000 âmes dans les plus imposés (1).

––––––––––––

(1) Il est possible qu'un arrondissement de 50,000 âmes dans le département de la Seine, paie autant et peut-être plus de contribution qu'un département de 138,000 âmes, tel que la Lozère; nous manquons de renseignemens à cet égard; mais il ne s'ensuivrait pas de

On voit que, d'après un tel système, le nombre des Députés de la France pourrait s'augmenter à peu près de 430 à 500, attendu que le département de la Seine, le plus riche et le plus peuplé, nommerait alors vingt Députés au lieu de quatorze, et ainsi des autres.

ART. 32. *Aucun Député ne peut être admis dans la Chambre, s'il n'est âgé de trente ans, et s'il ne réunit les autres conditions déterminées par la loi.*

Nous nous rangeons à l'opinion manifestée dans *le National* du 25 août, en ce que tous les citoyens portés sur les listes du jury nous paraissent réunir toutes les conditions de garantie nécessaires dans un Député. Mais la fixation à 200 fr. du cens de l'électeur devenant en même temps éligible, ne nous paraît point une mesure suffisante. Il nous paraîtrait beaucoup plus régulier d'admettre aux droits électoraux un nombre de citoyens constamment en rapport avec les bases de population que nous avons indiquées à l'article précédent;

là que l'on doit accorder quarante Députés au premier de ces départemens.

2

lesquels citoyens seraient toujours les plus imposés. Ce mode anéantirait tout effet des ma-
nœuvres tentées pour évincer des électeurs
moins imposés, par des dégrèvemens locaux et
partiels. On sait que dans des départemens peu
imposés, en Corse, par exemple, un arrondissement électoral de 90,000 âmes comptait
à peine cent électeurs : tandis que dans ceux
plus imposés, des arrondissemens de 50,000
âmes en comptaient 500 et au-delà. Une mesure générale parfaitement convenable nous
paraît être celle d'appeler aux droits électoraux
dans chaque arrondissement nommant un Député, quelle que soit sa population et sa richesse, un nombre de citoyens égal au centième
de sa population, et d'arrêter en même temps
qu'un arrondissement électoral ne sera jamais
de plus de 75,000 âmes, ni moins de 50,000.
Alors la Corse, par conséquent, devrait nommer trois Députés, tandis qu'elle n'en nomme
que deux. Ces quotités s'augmenteraient du
nombre des citoyens admis sur les listes du
jury.

On voit, d'après cela, que le nombre des
électeurs de toute la France qui s'est trouvé à
peine de 90,000 dans les dernières élections,
s'élèverait à environ 320,000. Dans la Lo-

(19)

zère où il n'y avait que 500 électeurs ou environ, il y en aurait 1388. Dans le département de la Seine, divisé en vingt arrondissemens de 50,000 âmes, il y en aurait plus de
10,000. (*Voy*. la note pag. 24.)

Toutefois, s'il est facile en même temps que
convenable de déterminer au moyen de la base
de la population, le nombre des citoyens appelés à jouir des droits électoraux, il est moins
aisé de parvenir à une mesure exactement équi-
table quant aux conditions de l'éligibilité. Si
l'on s'en tient à cette même base de la population, il en résultera que tel citoyen serait éligible dans un département peu imposé, avec
un cens de moins de 100 fr., et que tel autre
ne le serait pas dans un département très-riche
et par conséquent très-imposé, avec un cens
de 300 fr. Si l'on revient à fixer un cens d'éli-
bilité pour toute la France, on réduira le
nombre des éligibles dans les arrondissemens
peu imposés, et l'on éprouvera l'inconvénient de
voir les moins imposés d'entre eux évincés par
des dégrèvemens partiels et arbitraires. Ensuite,
le cens déterminé par une somme en francs,
sera variable avec la valeur de l'argent com-
parée aux denrées de première nécessité ; de
telle sorte, qu'au bout d'un siècle le nombre

2*

des éligibles pourra se trouver doublé , la population restant la même , parce que l'argent aura perdu réellement la moitié de sa valeur.

La mesure qui nous semblerait éviter le plus d'inconvéniens , serait après avoir bien déterminé les rapports composés de population et de richesse des arrondissemens électoraux , l'une étant toujours en raison inverse de l'autre , de stipuler que les éligibles seraient, dans chacun d'eux , constamment les 3oo , les 4oo ou les 5oo plus imposés de l'arrondissement, non compris les fonctionnaires en retraite jouissant de 2,ooo fr. au moins de pension, ce qui comprendrait les officiers supérieurs des armées , et par conséquent les citoyens du même rang dans le civil. La moindre proportion que l'on puisse adopter entre les électeurs et les éligibles , nous semble devoir être pour ces derniers la moitié du nombre des premiers.

L'article 33 devenant inutile d'après ces dispositions , il serait supprimé.

Une considération importante se présente ici , qui a échappé à la sagacité de la Chambre actuelle , par la nature de sa composition. Les sentimens généreux qui animent la grande majorité , la totalité même de ses membres , auraient cependant dû leur faire porter une attention particulière aux circonstances qui ont éloigné et éloigneraient encore de la Chambre un grand nombre de citoyens recommandables par leurs capacités et leurs lumières, mais à qui la modicité de leur fortune ne permettrait pas le sacrifice assez important d'un voyage et d'un séjour à Paris, pendant une session ordinaire de quatre à cinq mois. Nous pensons qu'une indemnité convenable doit être accordée à tout Député déplacé de son domicile habituel en raison de son éloignement de la capitale, et du séjour qu'il se trouve obligé d'y faire. Cette mesure aura d'ailleurs pour but de dérober l'élu de la nation à la séduction des places à la disposition du gouvernement, ou même seulement à l'offre d'une indemnité, telle que l'on a le droit de présumer qu'elle était accordée par le dernier gouvernement à ses candidats, asservis à voter dans le sens qu'il leur prescrivait. La dépense qui en résulterait pour l'État ne s'éleverait pas à plus de 3,000,000 fr., en calculant même sur environ six mois de session par chaque année.

Art. 62. *La noblesse ancienne reprend ses titres. La nouvelle conserve les siens. Le Roi fait des nobles à volonté ; mais il ne leur accorde que des rangs et des honneurs, sans aucune exemption des charges et des devoirs de la société.*

Cet article conservé, est, on peut le dire, une concession débonnaire faite à des amours-propres ressuscités, à des préjugés à demi-détruits, dont, hélas ! les têtes les plus libérales n'ont pas encore su écarter l'influence. On veut donc avec Madame de Sthal qu'il y ait des noms, des familles historiques, et qu'un Montmorency, un Croï, un Rohan, un Polignac, qui peuvent devoir de tels noms à des usurpations de plus d'un genre, soient nécessairement des hommes d'une caste privilégiée, princes, ducs, ou tout au moins marquis, comtes et barons ! On veut que le rejeton ruiné et peut-être très-indigne de tels aïeux, se croie en droit d'aspirer, à cause de son nom et de son titre seuls, à la main de la plus riche héritière de France ; que les parens de celle-ci éblouis par un vain prestige, s'empressent de lui livrer leur fille et leurs trésors ! Comment MM. les Députés ont-ils pu concilier une telle disposition , avec la pensée qui les a fait hésiter sur l'hérédité de la magistrature la plus élevée après la royauté, la Pairie! Comment concevoir une noblesse héréditaire, comment la conserver quand la Pairie demeurera personnelle. Accordons une noblesse, des titres personnels à des services éminens, soit! Mais leur hérédité, jamais!

Art. 63. *La légion d'honneur est maintenue. Le Roi déterminera les règlemens intérieurs et la décoration.*

L'ordre de la légion d'honneur suffit pour récompenser tous les services, elle satisfait tous les cœurs français. Qu'il soit seul maintenu, que tout autre ordre soit supprimé, et il n'en acquerra que plus de valeur et de considération. Qu'il soit accordé avec parcimonie, et seulement pour des services bien réels ou bien éminens. Qu'aucun serment ne soit exigé de celui à qui il est conféré, car, s'il en est jugé digne, ce serment est superflu, puisqu'il a donné des gages d'honneur et de dévouement à la patrie.

Quant à la décoration, on désirerait en voir disparaître les fleurs de lis qui ne sont plus l'emblême de la France, puisqu'elles furent celui des Bourbons. Qu'elles soient remplacées par un écusson aux couleurs nationales.

Henri IV fut, sans doute, un roi ami du peuple. Sa mémoire sera toujours honorée et chérie. Mais il ne fonda point la légion d'honneur; son effigie sur cette décoration présente un anachronisme. Nulle autre effigie ne lui convient que celle de Napoléon, son fondateur, ou celle de Louis-Philippe, régénérateur; choisissez, roi des Français! vous qui êtes à la hauteur du siècle, plus que quelques-uns des hommes admis à vos conseils!

Note. Nous pensons qu'il serait extrêmement convenable d'adopter cette base dans la formation des Gardes nationales de France : c'est-à-dire de statuer qu'il y aurait une légion d'infanterie par arrondissement électoral, ce qui, à 6000 hommes par légion, pour 500 arrondissemens, produirait 3,000,000 de gardes nationaux. Le département de la Seine ayant dix-huit arrondissemens dans Paris et deux au dehors, formerait alors vingt légions dont la force serait de 120,000 hommes. Le département de la Lozère n'ayant que deux arrondissemens, ne formerait que deux légions ensemble de 12,000 hommes. S'il s'agissait de mobiliser une partie de la Garde nationale, ou d'augmenter la force des légions, les cadres restant les mêmes, il serait facile d'en faire la répartition dans la proportion qui serait déterminée.

Quant à la Garde nationale à cheval, on pourrait statuer aussi qu'elle serait composée d'une compagnie de cent hommes par chaque arrondissement; on formerait des escadrons de deux et trois compagnies, suivant le nombre des arrondissemens des départemens, qui auraient chacun alors soit un chef d'escadron pour commandant de cette garde nationale à cheval, soit un lieutenant-colonel commandant plusieurs escadrons : soit enfin un colonel commandant une légion composée de vingt compagnies ou dix escadrons, comme dans les départemens du Nord et de la Seine. La légion de la Seine porterait le n° 1, puis viendraient à la suite les légions formées par la réunion des compagnies de plusieurs départemens, autant que possible au nombre de vingt; en sorte qu'il y aurait vingt-cinq légions formant une force de 50,000 cavaliers.

NOTE

SUR LES

ÉCOLES MILITAIRES.

Dans une brochure que j'ai publiée en 1820, et dont j'ai distribué quelques exemplaires qui me restaient entre MM. les Députés et Pairs de France, Officiers généraux et supérieurs ou Ministres du roi, je me suis élevé contre l'institution des écoles militaires spéciales, d'où sortent des jeunes gens de familles aisées avec le grade d'officiers, enlevant par ce moyen l'avancement qui serait dû aux sous-officiers de l'armée. J'ai appris que l'on m'avait beaucoup blâmé sous ce rapport, parce que, dit-on, l'on manque de sujets capables pour former dans les régimens de bons officiers et même des sous-officiers. Il est extrêmement facile de répondre à cette objection ; car c'est la part dans l'avancement faite aux jeunes gens sortis des écoles militaires qui éloigne du service tous les sujets jouissant des avantages d'une bonne éducation qui se trouvent atteints par la loi du recrutement et qui ont la faculté de se faire remplacer. En dernier lieu, c'était aussi le système détestable du précédent gouvernement qui, en n'accordant de l'avancement qu'aux soi-disant gentils-hommes d'une noblesse héréditaire, et se proposant de leur réserver exclusivement tous les grades supérieurs, dégoûtait du service la classe moyenne des citoyens. Dès-lors, il n'était point surprenant que tous les individus en état de se faire remplacer, ne voyant aucun avenir devant eux, se déterminassent à ce sacrifice. Détruisons les priviléges, laissons l'avancement en partie à l'ancienneté et en partie au choix des individus qui y ont des droits égaux, ainsi que cela a lieu dans la garde nationale régénérée, et l'on obtiendra les résultats les plus satisfaisans.

Au surplus, deux mesures peuvent être prises dont le succès sera infaillible pour se procurer des officiers et des sous-officiers. Les remplaçans sont en général les sujets les moins instruits et les moins capables : exigeons qu'aucun ne soit admis s'il ne sait écrire correctement. En effet, l'Etat ne peut-il pas dire au citoyen atteint par la loi du recrutement, qui, ayant les moyens de se faire remplacer, ne peut manquer d'avoir reçu une assez bonne éducation : « La faculté que vous avez de vous faire remplacer nous prive d'un sujet propre à devenir officier ; que votre remplaçant ait au moins les premières notions indispensables pour cet objet. » Le second moyen sera d'établir des écoles primaires d'enseignement mutuel dans chaque régiment.

Choisy-le-Roi, le 28 Août 1830.

Le baron BLEIN.

IMPRIMERIE DE DEMONVILLE,
rue Christine, n° 2.